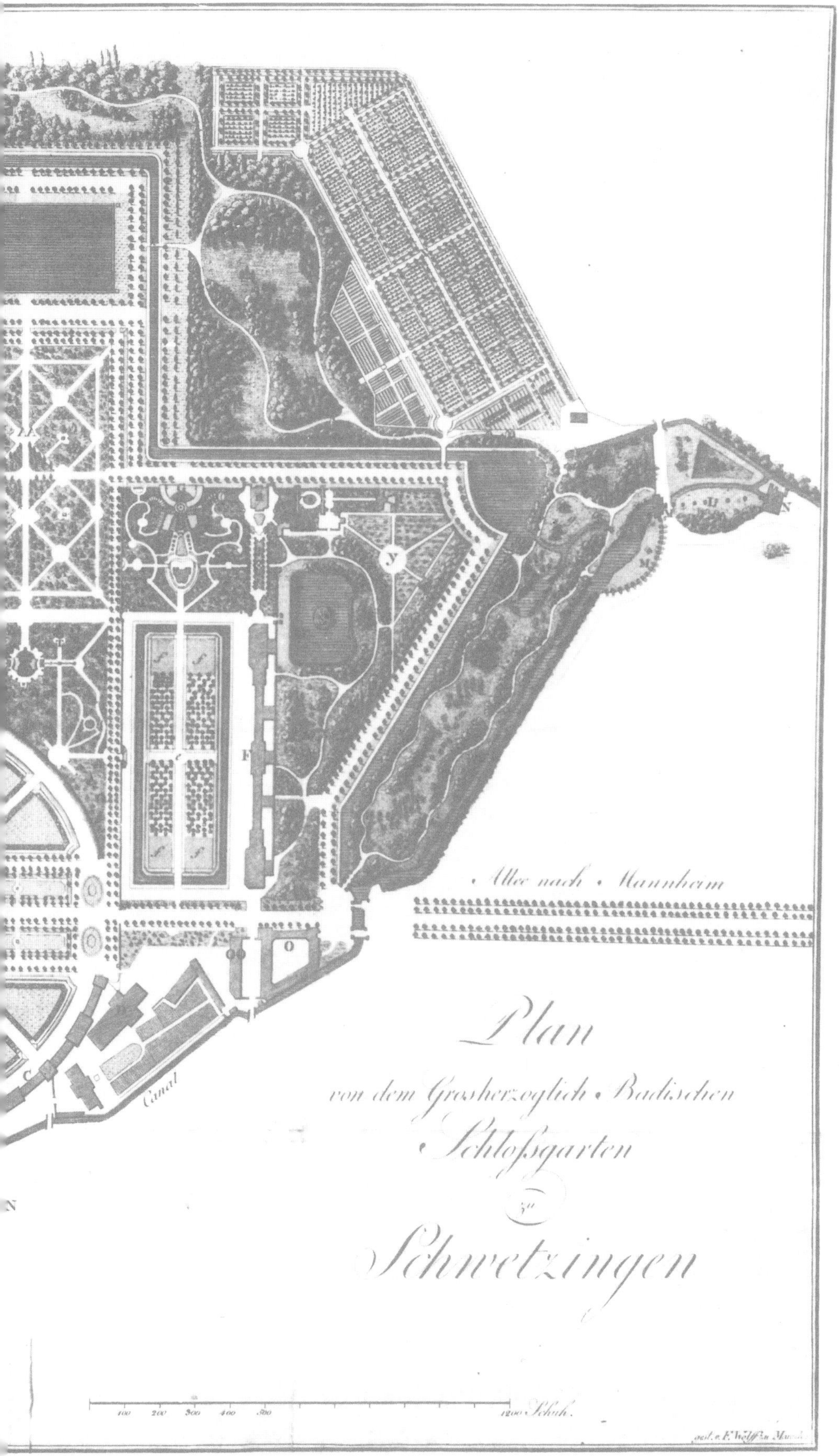
Allee nach Mannheim
Canal
Plan
von dem Grosherzoglich Badischen
Schloßgarten
zu
Schwetzingen
100 200 300 400 500 1200 Schuh.

Der Schwetzinger Schloßgarten
The Schwetzingen Palace Garden

Literatur

Lili Fehrle-Burger. *Die Welt der Oper in den Schloßgärten von Heidelberg und Schwetzingen.* Fotografien von R. Häusser. Karlsruhe, 1977.
August Koob. *Schwetzinger Geschichtstruhe.* Schwetzinger Verlagsdruckerei GmbH, 1970.
Claus Reisinger. *Der Schloßgarten zu Schwetzingen.* Worms, 1987.
Joseph Stöckle. *Grundriß einer Geschichte der Stadt, des Schlosses und des Gartens von Schwetzingen.* Hrsg. v. Bürgermeisteramt Schwetzingen, 1980. Unveränderter Nachdruck aus dem Jahre 1890. Schriften des Stadtarchivs Schwetzingen Nr. 15.
Clemens Alexander Wimmer. *Geschichte der Gartentheorie.* Darmstadt, 1989.
Karl Wörn. *Schwetzingen – Lebendige Stadt.* Schwetzingen, 1970.
Oswald Zenkner. *Schwetzinger Schloßgarten.* 26. überarbeitete Auflage, Schwetzingen, 1989.
Gartendirektor Zeyher u. G. Roemer. *Beschreibung der Gartenanlagen zu Schwetzingen.* Neue, verb. Auflage, wahrsch. 1820. Schwan u. Götzische Buchhandlung, Mannheim. Nachdruck mit Nachwort von Dr. R. Feger. Freiburg, 1983.
Joseph von Eichendorff. *Gedichte.* Hrsg. v. Hartwig Schultz. insel taschenbuch 1060. Insel Verlag. Frankfurt/M. 1988.
Rainer Maria Rilke. *Erste Gedichte.* insel taschenbuch 1090. Insel Verlag. Frankfurt/M. 1988.

Impressum:

Text und Fotografie: Jessen Oestergaard
Übersetzung: Claudia Hartwich, Marie Mermet
Layout: Doris Braus van Essen
Druck: Brausdruck GmbH, Heidelberg
2. Auflage Juni 1996
ISBN 3-925835-49-0
Wir danken dem Insel-Verlag Frankfurt für die freundliche Abdruckgenehmigung der Gedichte von Rainer Maria Rilke, »Im Schlosse mit den roten Zinken« und »Einmal möcht ich dich wiederschauen«.
Vorlage und Aufnahme des Planes: Generallandesarchiv Karlsruhe, Sign.-Nr. G/Schwetzingen 22

Der Schwetzinger Schloßgarten

The Schwetzingen Palace Garden

Text und Fotografie Jessen Oestergaard

Edition Braus

Im Schlosse mit den roten Zinken
wär ich so gern des Abends Gast.
Die Fenster glühn, die Falten sinken,
und meine weißen Wünsche winken
mir aus dem lodernden Palast.

Ich will durch lange Hallen schleichen
und in die tiefen Gärten schaun,
die über alle Marken reichen.
Und Frauen lächeln an den Teichen,
und in den Wiesen prahlen Pfaun …

Rainer Maria Rilke

DIE KURFÜRSTEN UND IHRE GESCHICHTE

Das heutige Gesicht des Schwetzinger Schlosses wurde im Laufe der Zeit durch den gestalterischen Willen verschiedener Kurfürsten geprägt. Der Schloßgarten dagegen verdankt seine Entstehung hauptsächlich dem Wirken eines einzigen Mannes, des Kurfürsten Carl Theodor (1724–1799).

Die Kurfürsten nahmen unter den adligen Herrschern eine Sonderstellung ein, denn ihnen oblag jahrhundertelang die Wahl (d. h. die »Kur«, aus dem althochdeutschen »Churi«) des deutschen Königs. Ursprünglich besaßen alle Reichsfürsten dieses Privileg. Seit 1257 wurde es jedoch nur sieben von ihnen zuteil: den Erzbischöfen von Mainz, Trier und Köln, dem Herzog von Sachsen, dem Markgraf von Brandenburg, dem König von Böhmen und – für uns am interessantesten – dem Pfalzgraf bei Rhein. Ihre Rechte verankerte die Goldene Bulle von Karl IV. (1356). 1623 übertrug man die pfälzische Kur auf Bayern, richtete aber 1654 erneut eine achte Kur für die Pfalz ein. Eine neunte, Hannover, gab es seit 1692. Mit dem Reichsdeputationshauptschluß wurde die Pfalz schließlich 1803 Baden zugesprochen.

Die Pfalzgrafschaft war im 12. Jahrhundert entstanden. 1294 erhielt Pfalzgraf Rudolf I. (1294–1319) erstmals die Kurwürde. Zusammen mit dem Hauptteil der Oberpfalz fiel die Grafschaft 1329 der bayerischen Linie der Wittelsbacher zu. Als die Feste Schwetzingen 1350 zum ersten Mal urkundlich erwähnt wird – die Adlige Elsebet von Schonenberg, erklärt sie zum »offen Haus« des Pfalzgrafen – ist das Dorf beinahe 600 Jahre alt: »Suezzingen« wurde bereits 766 im Lorscher Kodex genannt. Zum fränkischen Lobdengau gehörend kam es durch eine Schenkung Kaiser Heinrichs II. um 1011 in den Besitz des Bischofs von Worms, der später die Pfalzgrafen belehnte.

Die »Feste« von 1350 war eine Wasserburg, und nachdem eine Reihe von Kurfürsten ihre Besitzungen in Schwetzingen vergrößert hatten – Friedrich I. (1449–76) beispielsweise hatte einen hinter der Burg gelegenen Garten von der Gemeinde erworben – baute Philipp der Aufrichtige (1476–1508) diese zum Jagdschloß um. Sein Sohn und Nachfolger Ludwig V., der bis 1544 regierte, ließ mit zwei Türmen im Mittelbau weitere Gebäude errichten. Schwetzingen wurde im Verlauf des 16. Jahrhunderts vornehmlich Ziel von kurfürstlichen Jagd-, Ausflugs- und Tischgesellschaften.

Das 17. Jahrhundert brachte dem Schloß und seinem Dorf bewegtere Zeiten. Im Dreißigjährigen Krieg (1618–48) bezogen nacheinander die Truppen der Bayern, des katholischen Liga-Feldherrn Tilly, der 1622 auch Heidelberg einnahm, und der Schweden hier Stellung oder Quartier. 1635 wurde das Schloß Opfer der Flammen. Zu diesem Zeitpunkt hatte Kurfürst Friedrich von der Pfalz (1596–1632) die Kurwürde samt Oberpfalz längst an Bayern abgeben müssen. Als Führer der protestantischen Union, die 1608/09 zusammen mit der katholischen Liga infolge konfessioneller und politischer Streitigkeiten entstanden war, hatte man ihn zum böhmischen König gewählt. Doch die Böhmen verloren am Weißen Berg bei Prag die entscheidende Schlacht gegen Tilly, und Friedrich büßte somit die Krone ein.

Sein Sohn Karl Ludwig (1632–80) erlangte zwar 1654 die Kurwürde zurück, konnte sich aber am Wiederaufbau der Feste Schwetzingen zum Lustschloß für seine zweite Frau Luise von Degenfeld nicht lange erfreuen.

Der Expansionsdrang des französischen Sonnenkönigs Ludwig XIV. traf die Pfalz erneut mit unerbittlicher Härte. Einen Grund dafür bot ausgerechnet Elisabeth Charlotte, Tochter aus Karl Ludwigs erster Ehe, die als Liselotte von der Pfalz auf tragische Weise in die deutsch-französische Geschichte eingehen sollte.

Sie hatte im Heidelberger Schloß, wo sie 1652 auf die Welt gekommen war, und in Schwetzingen noch eine glückliche Kindheit verbracht. Im Alter von 19 Jahren aber wurde sie mit dem Bruder von Ludwig XIV., Philip von Orléans, verheiratet und mußte gleichzeitig vom Calvinismus zum Katholizismus konvertieren. Karl Ludwig versprach sich davon die

Absicherung seines Reiches zu Frankreich hin. Zeit ihres restlichen Lebens mußte Liselotte eine oft verspottete Außenseiterrolle am französischen Hof spielen, obwohl es ihr Sohn war, der Ludwig XIV. 1715 auf den Thron folgte. Sie starb 1722 in St. Cloud.

Schon 1672 waren französische Truppen unter Turenne in die Pfalz eingefallen. Als nun mit Liselottes Bruder, Kurfürst Karl, die Linie Pfalz-Simmern 1685 ausstarb, meldete Ludwig XIV. aufgrund der verwandtschaftlichen Beziehungen Ansprüche auf Teile der Pfalz an. Es entbrannte der Pfälzische oder Orléans'sche Erbfolgekrieg (1688–97), an dessen Ende durch den Frieden von Rijswijk die Franzosen zwar besiegt waren, die Pfalz jedoch – und mit ihr Heidelberg und Schwetzingen – verwüstet zurückblieben: »Brûlez le Palatinat!« hatte Ludwigs Befehl gelautet. Wieder mußte man aus Trümmern Neues schaffen.

Nach der kurzen Regierungszeit Philipp Wilhelms (1685–90), der die Ära der katholischen Linie Pfalz-Neuburg eingeleitet hatte, erfolgten der Wiederaufbau und die Erweiterungen des Schlosses unter seinem Sohn Johann Wilhelm (1690–1716), der jetzt von Düsseldorf aus regierte.

Der von ihm beauftragte Heidelberger Architekt Johann Adam Breunig verlieh dem Schloß mit den zwei Flügelbauten des Ehrenhofes und den vorgelagerten Wachhäusern den zeitgemäßen barocken Charakter, der sich bis heute weitgehend erhalten hat. Die Pfeiler des Eingangstores tragen das Wappen Johann Wilhelms und das seiner zweiten Frau Anna Maria von Toskana aus dem Hause Medici (Abb. S. 96). Durch ihre Vermittlung gelangten hochrangige italienische Künstler in die Dienste Johann Wilhelms und seiner Nachfolger. In der Folgezeit etablierte sich Schwetzingen als kurfürstliche Sommerresidenz.

Johann Wilhelms Bruder Karl Philip (1716–42) verließ 1720 wegen religiöser Streitigkeiten seine Residenzstadt Heidelberg und zog nach Mannheim, wo er das größte Barockschloß Europas erbauen ließ. Während dieser Zeit verhalf er auch dem Schwetzinger Schloßpark zu etwas mehr Größe und Gestalt. Gegenüber dem Schloß wurde in der Mitte des heutigen Zirkels eine Orangerie gebaut, Baumbestand aus Düsseldorf importiert und ein Gesandtenhaus errichtet. Es liegt außerhalb der Anlage und beherbergt heute Amtsgericht und Notariat. Bis zur Vollendung des Mannheimer Schlosses (1731) war das Lustschloß sogar zeitweise Hauptsitz des Kurfürsten.

Karl Philip starb ohne männlichen Erben, so daß die Kurwürde an die katholische Linie Pfalz-Sulzbach gelangte. Zu diesem Zeitpunkt besaß der Garten recht bescheidene Ausmaße – die westliche Begrenzung befand sich in Höhe des heutigen Arion-Brunnens. Dies sollte sich nun grundlegend ändern.

KURFÜRST CARL THEODOR

Durch Kurfürst Carl Theodor aus dem Hause Pfalz-Sulzbach, auf dessen Bedeutung das Signet »CT« an den Gebäuden und im Garten noch heute hinweist, bekam die Kurpfalz bis dahin nicht gekannte kulturelle Impulse. Sein glanzvoller, kostspieliger Hof in Mannheim und besonders die ständige Sommerresidenz Schwetzingen wurden zu Magneten für bedeutende Künstler und Staatsmänner.

Voltaire war 1753, auf der Flucht vor der Ungnade Friedrichs II. von Preußen, einige Wochen der »Hofphilosoph« Carl Theodors und schrieb hier Teile seines berühmten Werkes »Candide«, dessen erste Ausgabe dem Kurfürsten gewidmet ist. Der Dichter Friedrich Daniel Schubart genoß die Aufenthalte im Garten; selbst Casanova soll hier gewesen sein; später weilten auch Hölderlin und Eichendorff, der russische Zar, der Kaiser von Österreich, Fürst Metternich und der König von Bayern in Schwetzingen. Ein pfälzisches Versailles war entstanden.

Dies war auch das Ergebnis unermüdlicher Planungs- und Bautätigkeiten: der Kurfürst ließ das nördliche und südliche Zirkelhaus (1749/53) und das

Rokokotheater (1752) erbauen, die alte Orangerie Karl Philips durch einen Neubau ersetzen (1762), technisch brillante Wasserspiele installieren und verschaffte dem Hofastronomen Christian Mayer zunächst ein Observatorium auf dem Dach der neuen Orangerie und später eine kleine Sternwarte auf dem Schloß bis dieser nach Mannheim ging.

Verantwortlich für fast alle diese Bauten und für die Schaffung des Schloßgartens war der Lothringer Architekt Nicolas de Pigage, der 1749 in die Dienste Carl Theodors getreten war. Hinter dem von Oberbaudirektor Galli da Bibiena geplanten und von Guillaume d'Hauberat vollendeten nördlichen Zirkelhaus (Abb. S. 29) errichtete er in erstaunlich kurzer Zeit das Rokokotheater (Abb. S. 31).

Es ist keinesfalls selbstverständlich, daß das Schloßgebäude in seiner Substanz bis heute unverändert blieb. Pigage hatte dem Kurfürsten schon zwei Neubaupläne geliefert, ehe dieser dann doch seine ganze Aufmerksamkeit auf die Erweiterung des Gartens richtete. Der erste Entwurf Pigages hatte einen Neubau in der Mitte des heutigen Kreisparterres vorgesehen. Der zweite Plan plazierte das Schloß nördlich des Zirkels in die Nähe der jetzigen Orangerie. Den Grund für die Vernachlässigung dieser Vorhaben sieht man in dem gleichzeitig erfolgenden zeit- und kostenintensiven Neubau von Carl Theodors Schloß bei Düsseldorf (Reisinger). Doch nichts konnte den Kurfürsten daran hindern, seine geliebte Sommerresidenz in ein einzigartiges kulturelles Zentrum zu verwandeln.

Carl Theodor war ein sinnenfroher und kunstbegeisterter Mensch, und Schwetzingen war der ideale Ort, um seine Neigungen zu verwirklichen. Um einiges kleiner und bescheidener als das auf Kraft und Würde des Ganzen zielende Mannheimer Barockschloß, kam das ehemalige Lustschlößchen dem Kunstverständnis des verspielteren Rokoko entgegen.

Theater und Musik am Hofe hatten höchstes Niveau. Im 1752 eingeweihten Rokokotheater – man spielte ein Intermezzo nach Molières Lustspiel »Monsieur de Pourceaugnac« – gab es bedeutende Uraufführungen, so 1762 die Tragödie »Olympie« von Voltaire. Zunächst dominierte die französische Komödie. Doch im Zuge der Entwicklung in Deutschland, wo man sich den Gedanken Lessings folgend vom französischen Vorbild entfernte, wurden ab 1770, als Carl Theodor die französische Theatertruppe entließ, auch hier deutsche Stücke aufgeführt.

Das kurfürstliche Orchester genoß internationale Anerkennung – sein Leiter war Johann Stamitz, Begründer der berühmten Mannheimer Schule. Als der siebenjährige Mozart 1763 mit seiner Schwester vor der Gesellschaft konzertierte und die Zuhörer in Staunen versetzte, war sein Vater Leopold vom Orchester so angetan, daß er es später als einmalig in Deutschland lobte.

An diese Tradition knüpfen heute die Schwetzinger Festspiele an, die erstmals 1946 stattfanden und 1952 vom Süddeutschen Rundfunk wieder ins Leben gerufen wurden. Seitdem ist Schwetzingen jedes Jahr im Mai und Juni Treffpunkt ausgezeichneter Musiker und zahlreicher Kunstliebhaber aus aller Welt.

Mit dem Weggang Carl Theodors, der 1777 nach dem kinderlos gestorbenen Maximilian von Bayern das Wittelsbacher Erbe antreten und die Kurwürde in München übernehmen mußte, hatte die Blütezeit der Pfalz und somit auch Schwetzingens zunächst ein Ende.

Im Spiegel der Geschichtsschreibung ist dieser Kurfürst dennoch nicht unumstritten geblieben. Man hat seiner Kunstbesessenheit und dem höfischen Glanz, mit dem er sich umgab, die negativen Seiten gegenübergestellt, die sich aus der Perspektive derer ergaben, die die aufwendige Hofgesellschaft zu versorgen hatten. Die Konzerte, Ballettabende, Jagden und Lustbarkeiten kann man aus dieser Sichtweise heraus in krassem Gegensatz zu Fronden, Einziehungen und Verarmung des Volkes sehen. Zudem waren bei weitem nicht alle Vergnügungen, denen man sich am Hofe hingab, von ästhetisch-kultivierter Art: die großen Jagdbilder im Schloß zeugen von »Jagdfreuden«, bei denen das Wild zu Tode gehetzt oder in Arenen mit aufgemaltem Hintergrund von Tribünen aus »erlegt« wurde.

Doch sollte man auch die positiven Seiten seiner Herrschaft beachten. Zur Zeit Carl Theodors wurden Spargel und Tabak in die Region eingeführt, 1759 wurde Schwetzingen zum Marktflecken erhoben, 1769 erfolgte die Aufhebung der Leibeigenschaft, Kirchen wurden gebaut, das Handwerk und vieles mehr entwickelte sich.

Carl Theodor hatte schon im Alter von sechzehn Jahren Regierungsgeschäfte übernehmen müssen, bevor er als Achtzehnjähriger Kurfürst wurde. Er war zu sehr ein Kind seiner Zeit, als daß man tiefgreifende soziale oder politische Reformen von ihm hätte erwarten können. In der Art jedoch, wie er unter Einbeziehung aller damals vorhandener Kunstfertigkeit die Planung und Verwirklichung des Schloßgartens vorantrieb, zeigte er eine Progressivität und einen kompromißlosen Schaffensdrang, für die wir heute nur dankbar sein können. Sein Residenzwechsel nach München war ein wirklicher Verlust und als die Region 1803 dem späteren Großherzogtum Baden zufiel, war sie zur bedeutungslosen Provinz geworden.

1918 ging die gesamte Anlage in staatlichen Besitz über.

DER SCHLOSSGARTEN

Jeder, der heute in Schwetzingen lustwandelt oder nur spazierengeht, wird erkennen, daß nicht das Schloß, sondern der Schloßgarten das eigentliche Vermächtnis Carl Theodors und seiner Hofkünstler ist. Unter ihrer vereinten Regie entwickelte er sich zu einer in ganz Europa einmaligen Anlage, die viele unterschiedliche Stile zu einem harmonischen Ganzen vereint. Der Garten war eine unvergleichliche Bühne, auf der sich das höfische Leben prachtvoll entfalten konnte. Noch heute spürt man die Präsenz eines begeisterungsfähigen, von der Idee des Schönen getragenen Lebensgefühls. Der Dichter Friedrich Daniel Schubart, den Carl Theodor sehr schätzte, drückte die Faszination, die der Garten auf ihn ausübte, auf diese Weise aus:

Man glaubt durch Zauberei auf eine Insel versetzt zu sein, wo alles Ton ist, wo Nixen, Sylphen, Gnomen und Salamander, Wasser-, Luft- und Feuermelodien durcheinanderjagen und die wundervollste Symphonie bilden.

Der Schwetzinger Schloßgarten besteht eigentlich aus zwei Gärten: dem symmetrisch angelegten französischen Barockgarten, dessen Zentrum die Brunnengruppe des Arion bildet, und dem englischen Landschaftsgarten, der sich in geplanter Natürlichkeit um den großen Weiher und dessen geschwungene Kanäle legt.

Obwohl französische Truppen die Pfalz auf ihrem Rückzug verwüstet hatten, waren die französische Kunst und Kultur maßgebend und der Hof von Ludwig XIV. für die europäischen Fürsten das große Vorbild. Das absolutistische Herrscherideal des Sonnenkönigs gestaltete sich sinnfällig im Versailler Schloßpark, den André Le Nôtre von 1667 bis 1688 geschaffen hatte.

Diese für das 18. Jahrhundert mustergültige Anlage wies eine Dreiteilung in Parterre, Heckenzone und anschließenden Waldteil auf, wobei vor allem die beiden ersteren nach streng geometrischen Formen angelegt waren. Die Wuchshöhe der Pflanzen nahm also mit der Distanz zum Schloß zu. Ähnliche Gestaltungsprinzipien finden sich auch in den Anlagen von Schönbrunn und Belvedere in Wien, Schleißheim und Nymphenburg bei München, von Veitshöchheim, der Wilhelmshöhe bei Kassel und von Sanssouci in Potsdam. Auf einem Plan Johann Ludwig Petris von 1753 aufbauend, verwirklichte Nicolas de Pigage von 1756 an dieses auf Regelhaftigkeit und Überschaubarkeit beruhende Gartenkonzept in Schwetzingen.

Zirkelhäuser und Laubengänge bilden den Rahmen eines Kreisparterres, das von mehreren parallel verlaufenden Alleen in gleichgroße, einander widerspiegelnde Partien mit Rasen und ornamentartig angelegten Blumenbeeten eingeteilt wird. Dieser Zirkel direkt hinter dem Schloß, ein besonderes Merkmal Schwetzingens im Vergleich zu anderen Gärten der Epoche, ist neueren Einsichten zufolge eine auch aus Sachzwängen heraus entstandene Lösung (Reisinger).

Das nördliche Zirkelhaus war demnach ursprünglich Teil eines von Achsen durchzogenen »Jagdsterns«, eines Jagdschlosses. Obwohl Schwetzingen aber Sommerresidenz wurde und dies eigentlich nach grundlegend anderen architektonischen Strukturen verlangte, nutzte man den begonnenen Zirkel als progressive Gestaltungsgrundlage und rundete ihn mit dem südlichen Zirkelhaus und den beiden Laubengängen ab, ohne dabei die Prinzipien Le Nôtres zu vernachlässigen.

Die in den Garten hinein verlängerte Mittelachse des Schlosses verbindet die Kreisanlage mit dem großen Weiher und erzielt somit hinter der Hirschgruppe eine enorme Tiefenwirkung (Abb. S. 54). Diese Hauptallee ist zugleich der Bezugspunkt für alle Teile des Gartens – so wie sich alle Teile des Staates auf seinen Herrscher beziehen und dessen sonnenähnliche Wirkungskraft angemessen reflektieren sollen.

Auch war es Pigage gelungen, Elemente des französischen Rokokogartens mit einzubeziehen, indem er sogenannte Separatgärten durch raumübergreifende Blickachsen miteinander verband. Wer zum Beispiel vom Weiher aus in eines der seitlichen Boskette zurückblickt und in der Ferne eine Statue erblickt, wird sich dieses Kunstgriffes schnell bewußt (Abb. S. 53).

In Schwetzingen wird dieses Raumgefühl noch verstärkt durch die Ausrichtung der Hauptallee auf zwei geographische Fixpunkte, die weit außerhalb des Gartenareals liegen. Der Königstuhl im Osten und der Kalmit der Pfälzer Berge im Westen sollen die Anlage mit dem ganzen Universum verbinden. Diese Komposition, die den Schloßplatz und den Ehrenhof vor dem Schloß zur Grundlage hat, geht auf Galli da Bibiena zurück.

Carl Theodor war im Gartenbau ebensowenig dogmatisch wie im Theaterleben. Er nutzte die unterschiedlichen Kunstströmungen seiner Zeit, um die Menschen auf möglichst vielfältige Weise anzusprechen. So hatte er mit dem Rückgriff auf die antike Mythologie und ihre Gestalten Apollo, Ceres, Minerva und andere Figuren barocken bzw. spätbarokken Vorstellungen entsprochen, die die Natur als solche durch mythische Zusammenhänge zu ordnen und zu perfektionieren suchte. Sie sollte der menschlichen Ratio zugänglich gemacht werden. Unter dem fortschreitenden Einfluß der Aufklärung, die das begreifende Individuum in den Mittelpunkt stellte, erfolgte im Rokoko zwar eine Akzentverschiebung auf »das sinnliche Gartenerleben« (Wimmer), aber allegorische und mythologische Figuren wurden weiterhin dargestellt.

Auf diese Weise lassen sich denn viele Skulpturen und Gruppen des Schwetzinger Schloßgartens in einen Sinnzusammenhang bringen. So kann man den griechischen Dichter und Musiker Arion, der von einem Delphin vor dem Ertrinken gerettet wird (Abb. S. 93), als täglich wiedergeborenen Sonnengott verstehen.

Dieser wiederum stirbt als von der Meute gestellter Hirsch (Abb. S. 42, 43) und wird wie das Wasser, das er versprüht, von der Erde aufgenommen. Auch der Apoll des Apollo-Tempels (Abb. S. 63), Gott der Musik und der Weissagung, ist in diesem Kontext der Sonnengott, Bringer des Lichtes und der Vernunft, der das Dunkle, Ungezügelte in der Natur ordnend verschönert.

Auf diesen Bereich der naturimmanenten Wachstumskräfte, die eine ständige Veränderung bewirken, verweisen die beiden vergoldeten Frauengestalten der Schloßterrasse (sie waren ursprünglich für den Heidelberger Schloßgarten bestimmt). Es sind die arkadische und die böotische Atalante, Schutzbefohlene der Waldgöttin Diana. Die arkadische Atalante (Abb. S. 36, 37) hält das Fell des von ihr erlegten kalydonischen Ebers in Händen. Der Sage nach war die durch den Vater Verstoßene von Dianas Wölfen gesäugt und von Jägern aufgezogen worden. Die böotische Atalante dagegen spielt auf den Teil des Mythos an, der von ihrer Unbesiegbarkeit als Wettläuferin erzählt. Durch das Aufheben dreier goldener Liebesäpfel Aphrodites, von denen einer in der Hand der Statue liegt, erlitt sie schließlich doch eine Niederlage.

Beide Figuren werden durch die Mythologie mit den Bosketten zu beiden Seiten der Hauptallee verbunden. In diesem Reich Dianas ist besonders ein Wesen hervorzuheben, dessen fast unheimliche Ausstrahlung das ganze nördliche Boskett durchdringt. Es ist Pan, der Gott der Herden, seine Syrinx spielend (Abb. S. 51). Von einem Felsen herab sieht er uns voller hintergründig-humorvoller Triebhaftigkeit an. Die Beschreibung, die Friedrich Daniel Schubart von ihm gab, macht klar, wie vieldeutig diese Figur ist:

Wenn man die runzliche Stirn, die runden tiefliegenden Augen, die gebogene spitzige Nase, die spöttisch lächelnden Lippen und die fast Voltairische Miene betrachtet, so muß man aus voller Empfindung rufen: Schön, das ist schön!

Leicht kann man in diesem Pan ebenso einen griechischen Satyr oder einen römischen Faun erkennen.

Den atmosphärischen Gegenpol zum Pan im nördlichen Boskett stellt die Gruppe der Galatea im Hain der Liebe dar (Abb. S. 71). Ihr zu Füßen liegt ein um sie werbender Triton. In den Metamorphosen des Ovid finden sich zwei Mythen über sie. In dem einen ist Galatea eine Meeresnymphe, die ihren Geliebten Akis zum Schutz vor einem eifersüchtigen Kyklopen in einen Fluß verwandelt. Der andere Mythos berichtet von einer Statue Galateia, die von Venus zum Leben erweckt wurde, damit der in ihre Schönheit verliebte Pygmalion sie heiraten konnte.

Die Motivketten der Diana – die auch Göttin des Lichtes war – und der des Sonnengottes verschränken sich in den Hirschgruppen: das sterbende Tier kann auch der von Diana verwandelte Aktäon sein, der auf diese Weise seine Kühnheit bezahlt, die Göttin beim Baden beobachtet zu haben. Doch gerade am Beispiel der Hirsche wird deutlich, daß man den Planern und Gestaltern des Schloßgartens nicht die Absicht unterstellen darf, ausnahmslos jede Partie und jede Statue in einen festgefügten mythologischen oder auch nur logischen Zusammenhang einzubetten. Schon der 1804 ernannte Gartenbaudirektor Zeyher gibt uns hier eine ganz andere Erklärung:

Einst ward ein Hirsch von zehn Enden gejagt; das geängstete Thier floh, rettete sich in den Garten, und ward von den Hunden auf eben diesem Platze gefangen. Zum Andenken dieses Ereignisses verfertigte der Ritter von Verschaffelt auf Befehl Karl Theodors nun diese zwei Gruppen.

Die rein allegorischen Figuren des Gartens dagegen, wie zum Beispiel die Darstellungen der Jahreszeiten im Orangeriegarten oder die der Flußgötter Rhein und Donau (Abb. S. 79) im Großen Weiher, unterliegen nicht solchen Bedeutungsverschiebungen.

Ursprünglich waren übrigens nicht nur zwei, sondern vier Flußgötter geplant, wie man überhaupt in der ganzen Anlage immer wieder auf Vierergruppen von Vasen oder Statuen stößt, die die Jahreszeiten, die Himmelsrichtungen oder die vier Elemente Feuer, Erde, Wasser und Luft verkörpern. Im Badhaus etwa, wohin sich Carl Theodor nur mit engsten Freunden und Vertrauten zurückzog, um der offiziellen Hofetikette zu entfliehen, begegnet man den vier Jahreszeiten wieder (Abb. S. 64). Eine weitere Vierergruppe findet man in den Alleen, die sich südlich und nördlich an das Kreisparterre anschließen, wo Merkur und die klagende Callirrhoë (Abb. S. 61) auf der einen Seite mit Bacchus und Ceres (Abb. S. 60) auf der anderen korrespondieren.

Zahlreiche der eben genannten Motive der antiken Mythenwelt spielten auch eine große Rolle in der Oper des 18. Jahrhunderts, die Carl Theodor intensiv pflegte. Dementsprechend läßt sich die Bilderwelt des Schloßgartens als eine bühnenwirksame Spiegelung dieser stilisierten musikalischen Symbolik beschreiben (Fehrle-Burger).

Die Gartenkunst als solche war ebenso Bühne für die einschneidenden Veränderungen in der Ideenwelt des 18. Jahrhunderts, die die immer mächtigere und einflußreichere Aufklärung nach sich zog. Hier wurden die geistigen Veränderungen bildkräftig aufgenommen. Im sinnlichen Erleben des Einzelnen wurde – wie es schon John Lockes Empirismustheorie 1690 für die Philosophie gefordert hatte – dem Rationalismus des Barock eine erste Absage erteilt.

Den Philosophen Hume und Condillac folgend, definiert die Aufklärung »Kunst und Natur neu und sieht sie als Gegensätze« (Wimmer). Die unregelmäßige, die Sinne direkter ansprechende Natur hat jetzt Vorrang vor der geometrisch ordnenden (Garten-)Kunst, die sich nur an den Verstand richtet. Imitation der Natur anstelle regulierender Verschönerung wird langsam zur Maxime.

Die auf die Aufklärung folgende Romantik treibt die Annäherung an die Natur auf die Spitze: weder Verstand noch Sinne, sondern die Gefühle stehen im Mittelpunkt. Die Landschaft soll die Phantasie der Menschen anregen und sie durch höhere Einsichten zu moralischen Werten führen. Der in England entwickelte Landschaftsgarten war hierbei so richtungweisend, daß der »englische Landschaftsgarten« zum allgemeinen Stilbegriff wurde. Hier galt alles Zugeschnittene und Verformte des französischen Barockgartens als Unnatur und Rationalität, die die subjektive Phantasie einschränkt. Der Blick des Betrachters sollte nicht länger eingefangen und reflektiert werden, sondern das Auge sollte sich in natürlicher Unüberschaubarkeit verlieren können.

Mit poetischem Augenzwinkern gab später Joseph von Eichendorff dem gewandelten Naturgefühl Ausdruck. Hier die für uns interessanten Strophen seines Gedichtes »Prinz Roccocco«:

Prinz Roccocco, hast dir Gassen
Abgezirkelt fein von Bäumen
Und die Bäume scheren lassen,
Daß sie nicht vom Wald mehr träumen.

Wo sonst nur gemein Gefieder
Ließ sein bäurisch Lied erschallen,
Muß ein Papagei jetzt bieder:
Vivat Prinz Roccocco! lallen.

Quellen, die sich unterfingen,
Durch die Waldesnacht zu tosen.
Läss'st du als Fontainen springen
Und mit goldnen Bällen kosen.

Springbrunn in dem Marmorbecken
Singt ein wunderbares Lied,
Deine Taxusbäume recken
Sehnend sich aus Reih' und Glied.

Laß die Wälder ungeschoren,
Anders rauscht's, als du gedacht.
Sie sind mit dem Lenz verschworen,
Und der Lenz kommt über Nacht.

Noch 1777, im letzten Jahr seiner Mannheimer und Schwetzinger Zeit, gab der Kurfürst dem Assistenten und Nachfolger Pigages, Friedrich Ludwig Sckell, den Auftrag, diese »modernen« Ideen in Schwetzingen in die Tat umzusetzen. Als Hofgartenintendant in München schuf dieser später den dortigen Englischen Garten.

Johann Michael Zeyher, der von 1804 bis 1840 als Gartendirektor wirkte, ist es zu verdanken, daß die Pläne Sckells ausgeführt und teilweise erweitert wurden. Er gestaltete die Übergänge harmonisch, bettete den Großen Weiher und die Seitenkanäle in die Landschaft ein und legte Gemüsegarten, Obstbaumgarten, Baumschule, Treibhäuser und Arboretum an, ohne die Einheit des Ganzen aus den Augen zu verlieren.

Schon das Perspektiv oder »Ende der Welt« (Abb. S. 75) in der Anlage bei den Wasserspeienden Vögeln (Abb. S. 74) entspricht dem Blick des sich selbst bewußten, sensibilisierten und empfindsamen Ichs in die räumliche und historische Ferne. Die zentralperspektivische Komposition des am Ende eines Ganges gelegenen Wandgemäldes vermittelt die Illusion einer weitläufigen Landschaft.

Im eigentlich »englischen« Teil des Schloßgartens befinden sich, nördlich des Weihers, der Botanische Tempel (Abb. S. 73) und das Römische Wasserkastell und, südlich des Weihers, die sich an den Türkischen Garten anschließende Moschee (Abb. S. 82–90) und der gegenüberliegende Merkur-Tempel (Abb. S. 80, 81). Das Römische Wasserkastell und der Merkur-Tempel sind beide als Ruine konzipiert.

Der ideelle Gehalt dieser vier Bauwerke, die alle erst in den letzten beiden Jahrzehnten des 18. Jahrhunderts fertiggestellt wurden, mag noch ganz im Gedankengut eines aufgeklärten absolutistischen Fürsten angesiedelt sein, der sich als Bringer leuchtender Vernunft sieht. So ist der Botanische Tempel der Isis geweiht und stellt gleichzeitig eine Huldigung an bedeutende Naturforscher der Zeit dar, deren Portraitmedaillons sich im Inneren befinden. Die natürlich in die Landschaft eingefügte Form der Ruine jedoch geht auf die frühromantische Tradition des englischen Gartens zurück. Ob Mode der Zeit oder sentimentale Metapher: die Ruine war ein Zentralmotiv der Romantik. In ihr konnte das auf sich selbst konzentrierte Individuum innere Konflikte als grandioses Schauspiel von Natur und Vergänglichkeit erleben – oder, um noch einmal mit Eichendorff zu sprechen, die »alte schöne Zeit« erblicken.

Mit der Moschee, die in dynamischem Spannungsverhältnis zum Merkur-Tempel steht, trifft man zum Schluß auf das vielleicht interessanteste, weil eigenartigste Gebäude des Schloßgartens. Von Sckell und Pigage entworfen, wurde sie erst 1795 fertiggestellt: es ist der letzte von Carl Theodor in Auftrag gegebene Neubau der gesamten Anlage.

Die zwei flankierenden Minarette verleihen der Moschee trotz ihrer barock anmutenden Grundstruktur einen eher orientalischen Charakter. Doch ihre Architektur stellt eine Art Collage verschiedener Kulturkreise und Religionen dar.

Die Kuppel zitiert die St. Paul's Cathedral in London, die Fassade erinnert an die Karlskirche in Wien (Reisinger). Die philosophische Aussage der Moschee, die man mit Hilfe der an Kreuzgang, Fassade und im Inneren eingearbeiteten Sprüche aus der Moschee herauslesen kann, ist die der Völkerverständigung und des humanistischen Toleranzideals, das man damals eher im Islam zu finden glaubte als im Christentum. Hier einige Beispiele für die teilweise dem Koran entnommenen Lehrsätze:

Wegen der Rose / Begiest man die Dornen.
Ein Laster des Weisen / Gilt für Tausend.
Der Thor hält Warnung für Feindschaft.
Verschwiegenheit erwirbt Liebe.
Erwirb dir Gold, so viel du brauchst,
Und Weisheit, so viel du kannst.

Aber das Interesse an fremden und vergangenen Kulturen, besonders an denen des Orients, war auch die Folge eines sentimental überhöhten Exotismus; des romantischen Dranges, in anderen Kulturen die eigene, durch die Revolution aus den Fugen geratene Welt in unverfälschtem Zustand wiederzufinden. Die Sehnsucht nach der Rückkehr zu einem von Rousseau beschriebenen Naturzustand der Menschheit, einem goldenen Zeitalter, dem ältere Zivilisationen näher zu sein schienen, spielt gewiß ebenso eine Rolle.

Philosophischer Humanismus und sentimentaler Exotismus, tief empfundener aufklärerischer Wille und romantische Mode: auf die Moschee des Schwetzinger Schloßgartens bezogen kann man dies im Nachhinein wohl nicht auseinanderdividieren. Das Eine wirft Licht auf das Andere.

Aus welchen Gründen auch immer – im Gartenzusammenhang besitzt die Moschee eine faszinierende Aura von Würde und Weisheit, und ein Besucher, der sie vom Merkur-Tempel aus betrachtet (Abb. S. 83) oder den Blick in ihre Kuppel erhebt (Abb. S. 85), wird immer beeindruckt sein.

Heute ist der Schwetzinger Schloßgarten eine andere, reizvolle Welt, die uns das tägliche Einerlei vergessen machen kann, denn hier wird ein Stück 18. Jahrhundert lebendig. Hier wird ein harmonisches Zusammenspiel von Mensch und Natur vorgeführt, das vom Ideal des Schönen geleitet wird. Dies gilt es, heute mehr denn je, zu bewahren.

Die fast märchenhafte Szenerie dieser Anlage dient jährlich über 200 Klein- und Großveranstaltungen als festlicher Rahmen. An erster Stelle sind die schon erwähnten Schwetzinger Festspiele zu nennen, die neben Wiederaufführungen von Rossini bis Mozart, Uraufführungen und Erstlingskonzerte junger Hochschulensembles präsentieren. Das Mozartfest, der Fliederball und der Rosenball sind weitere gesellschaftliche und kulturelle Höhepunkte.

Eine Besonderheit bietet außerdem das von der Schloßverwaltung im Sommer oder Frühsommer veranstaltete Lichterfest. Auf bis zu zehn verschiedenen Bühnen spielen Musikgruppen aller Stilrichtungen, und beim Apollo-Tempel findet eine Ballettaufführung statt. Dabei werden der ganze Garten und die Gebäude von Lichterketten, Lampions und Fakkeln beleuchtet, so daß man sich trotz des großen Besucherandranges stellenweise in kurfürstliche Zeiten zurückversetzt glaubt. In der Tat orientiert man sich auch hier an historischen Vorbildern, wie die Beschreibung eines Schwetzinger Chronisten verdeutlicht:

Es wurde hier am 9. September 1803 bei Anwesenheit des Königs und der Königin von Schweden ein herrliches Schauspiel bereitet.

Nachdem die Theatervorstellung im Apollo-Hain zu Ende war, wurden die Moschee und der Merkurtempel feenhaft beleuchtet, was bei der Spiegelung im See eine solche zauberhafte Wirkung hatte…

Ob nach einer beeindruckenden Veranstaltung oder nach einem Spaziergang – jeder Besucher des Schloßgartens wird ihn mit dem Wunsch verlassen, irgendwann einmal zurückzukehren:

Einmal möcht ich dich wiederschauen,
Park, mit den alten Lindenalleen,
und mit der leisesten aller Frauen
zu dem heiligen Weiher gehn.

Schimmernde Schwäne in prahlenden Posen
gleiten leise auf glänzendem Glatt,
aus der Tiefe tauchen die Rosen
wie Sagen einer versunkenen Stadt.

Und wir sind ganz allein im Garten,
drin die Blumen wie Kinder stehn,
und wir lächeln und lauschen und warten,
und wir fragen uns nicht, auf wen…

Rainer Maria Rilke

THE PRINCE ELECTORS AND THEIR HISTORY

While the present face of Schwetzingen palace has been formed during its history by the creative will of different electors, the park is mainly the work of one man, the Elector Carl Theodore (1724–1799).

Among the noble sovereigns, the electors occupied a special position. For centuries the election (i. e. the "Kur", word derived from the Old High German "Churi") of the German King was in their duty. Originally all the princes of the Empire had this privilege. Since 1257 however, their number had been limited to seven: the Archbishops of Mainz, Trier and Cologne, the Duke of Saxony, the Margrave of Brandenburg, the King of Bohemia and the Count Palatine by the Rhine. Their rights were laid down in the Golden Bull by Charles IV (1356). In 1623 the palatine "Kur" was transferred to Bavaria, but in 1654 an eighth "Kur" was again instituted for the Palatinate. A ninth, Hannover, had existed since 1692. By the "Reichsdeputationshauptschluß" (decision of the Deputation of the German Estates) of 1803 the Palatinate was finally adjudged to the state of Baden.

The Count Palatine had taken its origin in the 12th century. In 1294 Rudolph I (1294–1319) was conferred the dignity of elector. Together with the main part of the upper Palatinate the County fell to the Bavarian line of the House of Wittelsbach in 1329.

The fortress of Schwetzingen is mentioned for the first time in a document of 1350: Elsebet of Schonenberg, a noblewoman, declares it "open house" of the Count Palatine. At that time the village is nearly 600 years old: "Suezzingen" had already been mentioned in 766 in the Codex of Lorsch. Belonging to the Frankish province of Lobden, it passed in 1011, by way of a donation of Emperor Heinrich II, in the possession of the Bishop of Worms who later gave it to the Count of the Palatinate as a fief.

The fortress of 1350 was a castle surrounded by a moat. After some electors had enlarged their possessions in Schwetzingen – Friedrich e. g. had acquired a garden behind the castle from the village – Philipp the Sincere (1476–1508) transformed it into a hunting lodge. His son and successor Ludwig, who reigned until 1544, had further buildings, two towers in the central tract, constructed. In the course of the 16th century, Schwetzingen was mainly used as a meeting place for the electors' hunting parties, excursions and meetings.

The 17th century was a more eventful time for the castle and the village. In the Thirty Years' War (1618–1648) first the troops of the Bavarians under Tilly, who occupied Heidelberg in 1622 as general of the Catholic League, took up quarters. After them came the troops of the Swedes. In 1635 the castle palace was destroyed by the flames. At that time the Elector Friedrich of the Palatinate (1596–1632) had already been forced to give his electorship to Bavaria, along with the Upper Palatinate. As the leader of the Protestant Union, which had been created in 1608/09 together with the Catholic League as a result of confessional and political quarrels, he had been elected King of Bohemia. The Bohemians, however, lost the decisive Battle of the White Mountain near Prague against Tilly and Friedrich lost his crown.

Though his son Karl Ludwig (1632–80) got back the dignity of an elector in 1654, he was not given the time to enjoy for long the reconstruction of the fortress and its transformation into a pleasure palace for his second wife Louise of Degenfeld.

The expansionist drive of Louis XIV, the French Sun King, hit the Palatinate once again with merciless severity. The reason for that was none other than Elisabeth Charlotte, daughter of Karl Ludwig's first marriage, who under the name of Liselotte of the Palatinate, was to go down in German-French history in a tragical way.

She had passed a happy childhood in Schwetzingen and on Heidelberg Castle, where she had been born in 1652. At the age of 19, however, she was married to Philipp of Orléans, the brother of Louis XIV, and had been forced to convert from Calvinism to Catholicism. Doing this, Charles expected the protection of his country against France. For the rest of her life Liselotte had to play the role of an outsider at the French court where she was often made fun of, although it was her son who succeeded Louis XIV to the throne in 1715.

Already in 1672 French troops under Turenne had invaded the Palatinate. When in 1685 the line Palatinate-Simmern became extinct with the Elector Karl, brother of Liselotte, Louis XIV laid claims to parts of the Palatinate on the basis of the relationship with Liselotte. The Palatian or Orleanic War of Succession (1688–1697) broke out. When it ended with the Peace of Ryswick, the French were defeated, The Palatinate, however, and with it Heidelberg and Schwetzingen lay in ruins.

"Brûlez le Palatinat", had been Louis' order. Once again everything had to be rebuilt.

After the short reign of Philipp Wilhelm (1685–90), who was at the beginning of the era of the Catholic line Palatinate-Neuburg, the reconstruction and enlargement of the palace took place under his son John William (1690–1710) who now reigned from Düsseldorf.

The Heidelberg architect John Adam Breunig was charged with the construction works. With the two wings of the court of honour and the guardhouses situated in front, he gave the palace the modern baroque character it still has today. The pillars of the entrance gate show the coat of arms of John William and that of his second wife Anne Mary of Tuscany of the House of the Medici (p. 96). Through her intermediary, outstanding Italian artists became employed by John William and his successors. Afterwards Schwetzingen became the summer residence of the electors.

In 1720 Karl Philip (1716–42), Johann Wilhelm's brother, left his residence Heidelberg because of religious quarrels and moved to Mannheim, where he built the biggest baroque palace of Europe. During that time he also helped to enlarge the park of Schwetzingen palace and to improve its shape. Opposite the palace, in the middle of today's circle, the Orangerie was built, trees were imported from Düsseldorf and a house for the ambassadors was constructed. It lies outside the park and is now the seat of the district court and the notary's office. Until the completion of Mannheim Castle (1731), the pleasure palace was for some time even the main residence of the elector.

When Philip died there was no male heir. So the electorship passed to the catholic line of Palatinate-Sulzbach. At that time the garden was of rather modest proportions, the western border being where the Arion Fountain is today. But all this was to undergo important changes.

THE ELECTOR CARL THEODORE

The Elector Carl Theodore of the House of Palatinate-Sulzbach, whose initials "CT" can still be found on the buildings and in the garden, thus drawing our attention to his importance, gave the Palatinate a fresh cultural impetus, unknown till then. His splendid, sumptuous court in Mannheim and especially Schwetzingen, his permanent summer residence, became centres of attraction for important artists and statesmen.

Voltaire, fleeing from the disgrace of Frederick II of Prussia in 1753, was for some weeks the court philosopher of Carl Theodore and here he wrote parts of his famous work "Candide" whose first edition is dedicated to the Elector. The poet Friedrich Daniel Schubart enjoyed his stays in the garden. Casanova is said to have been here; later on, Hölderlin and Eichendorff, the Russian Czar, the Emperor of Austria, Prince Metternich and the King of Bavaria were in Schwetzingen. A palatine Versailles had come into existence.

This was also the result of untiring activities of planning and building: the Elector gave orders to build the Northern and Southern Circle-Houses (1749/53) and the Rococo Theatre (1752), he had the old Orangerie of Charles Philip replaced by a new construction (1762), technically brilliant waterworks were installed and the court astronomer Christian Mayer was given an observatory on the roof of the new Orangerie, then later, when the Elector went to Mannheim, a smaller one on the palace. The responsibility for most of these buildings and the creation of the palace garden lay in the hands of the Lorraine architect Nicolas de Pigage, who, in 1749, had become employed by Carl Theodore. Behind the Northern Circle-House (p. 29), planned by the chief supervisor Galli da Bibiena and completed by Guillaume d'Hauberat, he erected the Rococo Theatre in an extremely short time (p. 31).

It is by no means self-evident that the substance of the palace building has remained unchanged up to this day. Although Pigage had already submitted two plans for new constructions to the Elector, Carl Theodore directed all his attention to the enlargement of the garden. In his draft Pigage had planned a new construction in the middle of the present circle. The second plan placed the palace north of the circle near the Orangerie. The reason for not carrying out these projects is the new construction of Carl Theodore's palace near Düsseldorf, which was executed at the same time and was extremely time-consuming as well as expensive (Reisinger). But nothing could prevent the Elector from transforming his summer residence into a unique cultural centre.

Carl Theodore was a sensuous man, enthusiastic about the arts and Schwetzingen was the ideal place to realize his inclinations. Smaller and more modest than the baroque palace in Mannheim, which was more destined to show power and dignity, the ancient pleasure palace was in keeping with the artistic spirit of the more playful rococo.

Theatre and music at the Elector's court had an extremely high standard. In the Rococo Theatre – inaugurated in 1752 with an intermezzo after Molière's comedy "Monsieur de Pourceaugnac" there were important premières such as the tragedy "Olympic" by Voltaire in 1762. At first the French comedy dominated. But, from 1770 on, after Carl Theodore had dismissed the French theatre troup, German plays too were performed, following the development in Germany where the ideas of Lessing caused people to separate from the French model.

The orchestra of the Elector enjoyed international recognition. Its conductor was Johann Stamitz, founder of the famous Mannheim School. In 1763 seven-year-old Mozart astounded his audience when playing at court with his sister. Father Leopold was so pleased with the orchestra that he later said it was unique in Germany.

Today the Schwetzingen festival continues this tradition. It took place for the first time in 1946 and was revived in 1952 by the South German Broadcasting Company. Since then every year in May and June, Schwetzingen has been the meeting-point of excellent musicians and numerous connoisseurs from all over the world.

In 1777 when Maximilian of Bavaria had died without issue, Carl Theodore had to enter upon the inheritance of the House of Wittelsbach and became Elector in Munich. With his departure the heyday of the Palatinate and Schwetzingen had come to an end.

In spite of all this, Carl Theodore has not remained undisputed in historiography. His excessive passion for the arts and the splendour in which he liked to show himself has been contrasted with the negative aspects seen from the point of view of those who had to provide for the costly life at court. The concerts, ballet performances, hunting parties and festivities form a sharp contrast to opposition, conscription and impoverishment of the people. Moreover not every amusement practised at court, was aesthetically cultivated. The big hunting scenes in the palace bear witness of "hunting pleasures" in the course of which the game was hunted to death or killed from stands in arenas with a painted background.

But we should also consider the positive aspects of his reign. In the time of Carl Theodore asparagus and tobacco were introduced in the region. In 1759 Schwetzingen was promoted to the rank of market town. In 1769 bandage was abolished, churches were built and trade and many other things developed.

Already at the age of sixteen Carl Theodore was forced to assume governmental responsibilities, with eighteen he became elector. He was too much child of his time to be willing to encourage deep social or political reforms. The way however, in which he speeded the planning and laying out of the palace garden, making full use of the craftsmanship of his time, shows Carl Theodore's progressiveness and his uncompromising creative urge for which we have reason to be grateful today. His departure to Munich and the change of residence was a great loss and when in 1803 the region fell to the Grand Duchy of Baden it had sunk to a province without any importance. In 1918 palace and garden passed into the possession of the State.

THE PALACE GARDEN

Whoever takes a stroll in Schwetzingen today, will recognize that the real inheritance of Carl Theodore and his court artists is not the palace but the palace garden. Under their direction it developed into a park which is unique in Europe, blending many different styles into one harmonious whole. The garden was an incomparable stage on which court life could develop in all its splendour. Even today, the presence of a way of life inspired by enthusiasm and the idea of the beautiful can still be felt. The poet Friedrich Daniel Schubart of whom Carl Theodore had a high opinion, expressed the fascination which the garden exercised upon him in the following way.

You think you are on an island, as if by magic, where everything is music, where water nymphs, sylphs, gnomes and salamanders, waterair and fire melodies are hunting about in confusion, composing a most wonderful symphony.

The Schwetzingen palace garden actually consists of two gardens: the symmetrically laid out French baroque garden with the Arion fountain as its centre and the English landscape garden which in planned naturalness lies round the Great Pond and its curved canals.

Although the French troops had devastated the Palatinate on their retreat, French art and culture played an important part and the court of Louis XIV was the shining example for the European princes. The ideal of the absolutistic sovereign, personified by the Sun King, became evident in the park of Versailles created by André Le Nôtre between 1667 and 1688.

This park which was a model for the eighteenth century was divided into three parts: parterre, zone of bushes and adjacent forest, the first two being laid out in strict geometrical forms. The height of the plants was proportional to the distance from the castle. Similar creative principles can be found in the parks of Schönbrunn and Belvedere in Vienna, Schleißheim and Nymphenburg near Munich, Veitshöchheim, Wilhelmshöhe near Kassel and Sanssouci in Potsdam. From 1756 on, starting from a plan designed by Johann Ludwig Petri in 1753, Nicolas de Pigage realized this concept in Schwetzingen, which based on symmetry and transparency.

Circle-Houses and arbours form the frame of a circular parterre which is divided by several parallel lanes into equal symmetrical parts with lawns and flowerbeds laid out in the form of ornaments. This circle which is immediately behind the palace – a distinguishing mark of Schwetzingen in comparison with other gardens of the same epoch, is, according to recent research, a solution necessitated by external circumstances.

The northern Circle-House was originally part of a hunting ledge, lying itself in a "hunting star" which was crossed by axes. Although Schwetzingen became summer residence, thus demanding fundamentally different architectural structures, the half-finished circle was used as a basis for progressive creation and rounded off with the southern Circle-House and the two arbours without however neglecting the principles of Le Nôtre.

The central axis of the palace prolonged into the garden, connects the circle with the Great Pond thus achieving an impressive effect of depth behind the Stag Group. This central lane is at the same time reference point of all the parts of the garden in the same manner as all the parts of the State refer to the sovereign and reflect his sunlike power in appropriate form.

Pigage had also succeeded in including elements of the French rococo garden, by combining so-called "separate gardens" with visual axes to overcome space. Whoever looks back from the pond into one of the lateral woods and sees a statue in the distance, will quickly become aware of this artistic device (p. 53).

In Schwetzingen this sense of space is reinforced by the orientation of the main avenue to two geographically fixed points lying outside the garden area. The Königsstuhl in the east and the Kalmit in the palatinate mountains in the west were to combine the whole area with the universe. This composition based on the palace square and the court of honour was devised by Galli da Bibiena.

In garden architecture Carl Theodore was just as little dogmatic as in theatre life. He made use of the various currents of his time in order to appeal to people in as many ways as possible. So in going back to Greek mythology and its figures such as Apollo, Ceres, Minerva and others. He had been in keeping with ideas of the baroque and late baroque period, which bymean of these parallels to mythology, tried to classify nature and make it more perfect. The aim was to make it accessible to human reason. Under the increasing influence of the Enlightenment, which had placed the rational individual in the centre, the rococo period put the accent on a sensual approach to the garden. But nevertheless allegorical and mythological figures continued to be represented.

In that way many sculptures and groups of the Schwetzingen palace garden can be seen in a meaningful context. So the Greek poet and musician Arion, who is saved from drowning by a dolphin (p. 93) may be interpreted as the daily reborn Sun God.

He dies as a stag (p. 42, 43), brought to bay by the hounds and is absorbed by the earth like the water which comes out of his mouth. Also the Apollo of the Temple of Apollo (p. 63), god of music and prophecy, is, in this context, the Sun God, bearer of light and reason, who embellishes what is dark and untamed in nature by applying the principles of order.

To this sphere of vital energy inherent in nature, which bring about constant transformations, refer the two gilded female figures on the palace terrace. (Originally they were sculptured for the Heidelberg palace garden). They are the Arcadian and the Boeotian Atalanta, protégés of Diana, the goddess of the forest. The Arcadian Atalanta (p. 36, 37) is holding in her hands the coat of the Calydonian boar, which she has killed. The myth says, that expulsed by her father she was suckled by Diana's wolves and brought up by hunters. The Boeothian Atalanta, however, illustrates the part of the myth which speaks about her invincibility as a runner. By lifting three golden apples of Aphrodite – one of them lies in the hands of the statue – she finally suffered a defeat.

Both statues are combined by mythology with the lateral woods on both sides of the main avenue. In this realm of Diana there is especially one creature who attracts our attention and whose weird aura fills the whole of the northern wood. It is Pan, the god of herdes, playing his syrinx (p. 51). He looks at us from the top of a rock full of enigmatically humorous instinctiveness. The description Friedrich Daniel Schubart gave of him shows clearly how differently this figure can be interpreted:

When looking at his wrinkled forehead, his round deep-set eyes, the hooked, pointed nose, the mocking smile on his lips and the almost Voltairian expression you cannot help calling out emphatically: Beautiful, that is beautiful.

It is not difficult to see in this Pan a Greek Satyr or a Roman Faunus.

The atmospheric counterpart to Pan in the northern wood is the group of Galatea in the Grove of Love (p. 71). At her feet lies a Triton who is wooing her. In the Metamorphoses by Ovid we find two myths about her. In one of them Galatea is a nymph who transforms her lover Akis into a river in order to protect him from the rage of a jealous Cyclops. The other myth tells about a statue of Galatea which was brought to life by Venus, so that Pygmalian, in love with her beauty, could marry her.

The chains of motifs about Diana, who was also goddess of the light and those of the Sun God, interlock in the stag groups: the dying animal can also be interpreted as Actaeon transformed by Diana, thus paying for his boldness to watch the goddess when she was taking a bath. But the example of the stags shows clearly that it would be wrong to think that the planners and architects of the palace garden, had the intention to embed each part and each statue without exception in a well-defined mythological or logical context. Zeyher, appointed supervisor of the palace garden in 1804, gives us quite a different explanation.

"Once a ten-pointer stag was hunted; the anxious animal fled, took shelter in the garden and was caught here by dogs. In memory of this event the

Knight von Verschaffelt, on the order of Carl Theodore, made these two groups".

The purely allegorical figures of the garden, however, such as the representation of the seasons in the garden of the Orangerie or the watergods Rhine and Danube (p. 79) in the Great Pond are not open to such different interpretations.

Originally not only two but four rivergods were planned and it is interesting to note that everywhere in the garden groups of vases or statues can be found personifying the seasons, the cardinal points or the four elements fire, earth, water and air. In the Bathhouse, for example, where Carl Theodore retired only with intimate friends and confidants to flee from the official court etiquette, we meet the four seasons again (p. 64). A further group of four can be found in the avenues south and north of the circular parterre, where Mercury and the complaining Callirrhoe (p. 61) on one side correspond to Bacchus and Ceres (p. 60) on the other. Quite a number of the above-mentioned motifs taken from the world of classical mythology, play also an important part in the opera of the 18th century in which Carl Theodore took great interest. Consequently the imagery of the palace garden can be described as a theatrical reflection of this artificial musical symbolism (Fehrle-Burger).

The Garden architecture too was a stage for the decisive changes in the world of the ideas of the 18th century which ended in the mighty and influential Enlightenment. Here the spiritual changes were put into practice by means of impressive pictures. In the sensual experience of the individual as John Locke had already required it in his theory of empiricism for philosphy, the rationalism of the baroque age was rejected for the first time.

Following the philosophers Hume and Condillac the Enlightenment defines "art and nature in a new way and describes them as opposites" (Wimmer). The irregular nature, appealing directly to the senses, now has priority over the geometrical principles of art, appealing only to reason. Imitation of nature, instead of regulated embellishment is becoming the new maxim.

The Romantic period which follows the Age of Enlightenment carries this approach to nature to an extreme: neither reason nor senses, but the feelings are placed in the centre. The landscape was to stimulate the imagination of the people and to lead them to moral values by means of deep insights. The landscape garden developed in England, was showing the way, so that "English landscape garden" became a technical term in stylistics. Everything that was regulated and deformed in the French baroque garden was declared as being against nature and reason, restricting the individual imagination. The view of the spectator should no longer be obstructed and reflected, but the eye should be allowed to get lost in a natural disorder.

With a poetic twinkle in his eyes Joseph von Eichendorff expressed this new feeling for nature. Here are the relevant stanzas of his poem "Prinz Rococo":

Prinz Roccocco, hast dir Gassen
Abgezirkelt fein von Bäumen
Und die Bäume scheren lassen,
Daß sie nicht vom Wald mehr träumen.

Wo sonst nur gemein Gefieder
Ließ sein bäurisch Lied erschallen,
Muß ein Papagei jetzt bieder:
Vivat Prinz Roccocco: lallen.

Quellen, die sich unterfingen,
Durch die Waldesnacht zu tosen
Läss'st du als Fontainen springen
Und mit goldnen Bällen kosen.

Springbrunn in dem Marmorbecken
Singt ein wunderbares Lied,
Deine Taxusbäume recken
Sehnend sich aus Reih' und Glied.

Laß die Wälder ungeschoren
Anders rauscht's, als du gedacht.
Sie sind mit dem Lenz verschworen,
Und der Lenz kommt über Nacht.

As late as 1777, in the last year of his time in Mannheim and Schwetzingen, the Elector ordered Friedrich Ludwig Sckell, the assistant and successor of Pigage, to put these "modern" ideas into practice in Schwetzingen. As supervisor of the court garden he later created the English Garden in Munich.

Owing to Johann Michael Zeyher, supervisor of the garden from 1804–1840, the plans of Sckell were carried out and partly enlarged. He formed the transitional parts in a harmonious way, embedded the Great Pond and the lateral canals in the landscape and designed the vegetable garden, the orchard, the nursery, the hothouses and the arboretum without neglecting the unity of the whole.

The "Perspective" or "End of the world" (p. 75) near the group of the Water-Spouting-Birds (p. 74) corresponds to the look of the individual into the spacial and historical distance, of an individual now conscious of himself, sensitized and sensitive. The centered composition of the wall painting at the end of a pergola creates the illusion of a sprawling landscape.

In the proper "English" part of the palace garden, north of the Great Pond, there are the Temple of Botany (p. 73), the Roman Water Fort, and south of the Pond, adjacent to the Turkish Garden, the Mosque (p. 82–90) and the opposite temple of Mercury (p. 80, 81). The Roman Water Fort and the Temple of Mercury had both been designed as ruins.

The spiritual meaning of these buildings, finished not earlier than in the last two decades of the 18th century, still reflect the ideas of an enlightened absolutist sovereign feeling himself as the bearer of shining reason. So the Temple of Botany is dedicated to Isis and is at the same time a homage to great natural scientists of the 18th century whose medaillon portraits are in the interior. The form of the ruin, however, inserted in the landscape in a natural way, goes back to the tradition of the English garden of the early Romantic period. Whether fashion of the epoch or sentimental metaphor: the ruin was a central motif of the romantic epoch. With it the individual concentrated on itself, could feel inner conflicts as a grandiose spectacle of nature and transitoriness or – to quote Eichendorff again – it could have a look at the "old beautiful time".

With the Mosque, which contrasts dynamically with the temple of Mercury, we finally meet the perhaps most interesting and most peculiar building of the palace garden. Planned by Sckell and Pigage it was finished only in 1795. It is the last building of the garden erected on Carl Theodore's order.

The two minarets on both sides give the Mosque a more oriental character, in spite of its baroque structure. But from an architectural point of view it is a collage of different cultures and religions.

The cupola imitates St. Paul's Cathedral in London, the façade reminds us of the Karlskirche in Vienna (Reisinger). The philosophical meaning of the Mosque which can be gathered from the moral doctrines on the walls of the cloister, façade and in the interior, aims at the understanding of the peoples and the ideal of tolerance which was thought to be present more in Islam than in Christianity. Here are a few examples, partly taken from the Koran.

Because of the roses / you water the thorns.
One Vice of the Wise Man / equals a thousand.
The fool mistakes warning for emmity.
Secrecy acquires love.
Acquire gold as much as you need
And wisdom as much as you can.

But the interest in foreign and past cultures especially in those of the Orient was also the result of a sentimentally exaggerated exotism, of the romantic urge to find in foreign cultures in an unadulterated state, one's own world which had been thrown out of joint by the Revolution. The nostalgia for the return to a natural state of mankind, described by Rousseau, to a golden age to which older civilizations seemed to have been nearer, is certainly of importance, too.

Philosophical humanism and sentimental exotism, deeply felt will striving towards enlightenment and romantic fashion: with respect to the Mosque in the Schwetzingen palace garden, this cannot be sorted out in retrospect. One thing helps to understand another.

Whatever the reasons may be, in the context of the garden the Mosque has a fascinating aura of dignity and wisdom and the visitor who looks at it from the

Temple of Mercury (p. 83) or lifts his eyes to the cupola (p. 85), will always be impressed.

Today the Schwetzingen palace garden is a different charming world, which can make us forget the monotony of daily life, because here part of the 18th century is still alive. Here, harmony between man and nature is present, guided by the ideal of the beautiful. To preserve all this today, is more important than ever.

Every year the fabulous scenery of the garden is the festive setting for over 200 small and big public functions. First of all there is Schwetzingen festival, already mentioned above, which presents among re-performances of works Rossini and Mozart, first performances and first concerts of young university orchestras. The Mozart festival, the lilac ball and the rose ball are further social and cultural highlights.

Another special event is the festival of lights organized in summer by the palace administration. There are up to ten different stages where various bands play music of all styles and near the Temple of Apollo there are ballet performances. The whole garden and the buildings are illuminated by chains of lights, Chinese lanterns and torches, so that in spite of the many visitors you feel taken back to the times of the electors. Here again, people follow the historic models, which can be seen in the description of a Schwetzingen chronicler.

"On the 9th of September 1803, in the presence of the King and the Queen of Sweden, a wonderful spectacle was given here.

After the representation in the Grove of Apollo had ended there was a fairy-like illumination of the Mosque and the Temple of Mercury whose reflection in the Pond had such an enchanting effect".

Whether after an impressive representation or after a walk in the garden, every visitor will leave it with the wish to return some time or other.

Das Schwetzinger Schloß.

Schwetzingen Palace.

Le château de Schwetzingen.

Das Schloßcafé im Eckpavillon
des nördlichen Zirkelhauses.

The "Schloßcafé" in the pavilion
at the end of the northern wing.

Le «Schloßcafé» dans le pavillon
d'angle de l'aile nord.

Das von Galli da Bibiena begonnene und von Guillaume d'Hauberat 1749 vollendete nördliche Zirkelhaus.

The northern circular wing of the palace, begun by Galli da Bibiena and completed by Guillaume d'Hauberat in 1749.

L'aile circulaire nord du château, entreprise par Galli da Bibiena et achevée en 1749 par Guillaume d'Hauberat.

Das 1957 entstandene Deckengemälde des Zuschauerraums stammt von Carolus Vocke. Es stellt eine Opernszenerie in himmlischen Gefilden dar – auch der junge Mozart ist anwesend.

The ceiling fresco of the auditorium was realized by Carolus Vocke in 1957. It depicts a heavenly opera scenery – even young Mozart is present.

La fresque décorant le plafond dans la salle de spectacle fut réalisée par Carolus Vocke en 1957. Elle représente un véritable concert angélique – même le jeune Mozart y assiste.

Hinter dem nördlichen Zirkelhaus ließ Carl Theodor 1752 von Nicolas de Pigage das Rokokotheater bauen.

Behind the northern wing Carl Theodore had Nicolas de Pigage build the Rococo Theatre in 1752.

Derrière l'aile nord Carl Theodor fit construire en 1752 le Théâtre Rococo par Nicolas de Pigage.

Das nach barocken Regeln angelegte Kreisparterre und die zum Großen Weiher führende Hauptallee.

The unique circle of the garden's baroque section with the main avenue behind leading to the Great Pond.

Un parterre (de fleurs) circulaire agencé dans le style baroque et l'allée principale qui mène à la grande pièce d'eau.

Die aufwendig restaurierten Innenräume des Schlosses umspannen mehrere Jahrhunderte. Hier das Schlafzimmer des Herzogs Christian von Zweibrücken, einem Neffen Carl Theodors, aus dem 18. Jahrhundert, mit mit einer Peking-tapete aus chinesischem Stoff.

The lavishly restored interior of the Palace spans several centuries. Here is the bedroom of the Duke Christian of Zweibrücken, a nephew of Carl Theodor's, from the 18th century, with a Peking tapestry of Chinese cloth.

L'intérieur du Château, qui a été soumis à une vaste restauration, couvre plusieurs siècles d'histoire. La photo illustre la chambre à coucher du Duc Christian de Zweibrücken, un neveu de Charles-Théodore; cette pièce date du 18è siècle et est omée d'une tapisserie de Pékin en tissu chinois.

Aus dem 19. Jahrhundert stammt der Salon der Gräfin von Hochberg, das sogenannte »Schweizerzimmer«. Es wird dominiert von einer Papiertapete mit Landschaftsmotiven aus dem Wallis.

The salon of the Countess of Hochberg, from the 19th century, called the "Swiss Room". It is dominated by wallpaper featuring landscape scenes from Valais.

Le salon de la Comtesse de Hochberg, appelé «Le Salon suisse», date du 19è siècle. Cette pièce est dominée par le papier peint omé de paysages du Valais.

Die Arkadische Atalante auf der Schloßterrasse.

The Arcadian Atalanta on the palace terrace.

L'Atalante Arcadienne sur la terrasse du château.

Das nördliche Zirkelhaus.

The northern Circle-House.

L'aile circulaire nord.

Der Arion-Brunnen, der Mittelpunkt des Kreisparterres.

The Fountain of Arion in the centre of the garden's baroque section.

La Fontaine d'Arion au centre du parterre circulaire.

Als Personifizierung des Sonnengottes stellt der sterbende Hirsch den Gegenpart zum wiederauferstehenden Arion dar.

As a personification of the Sun God the dying stag is the counterpart of the reborn Arion.

Le cerf mourant, personnification du dieu du soleil, représente l'antagonisme de l'Arion ressuscitant.

Vor dem Botanischen Tempel und dem Römischen Wasserkastell entfaltet sich der englische Landschaftsgarten.

The Temple of Botany and the Roman Water Castle form the backdrop for the English landscape garden.

Le jardin anglais se déploie près du Temple de la Botanique et du Fort Romain.

Im Orangeriegebäude, 1762 von Pigage errichtet, hatte Carl Theodor zeitweise ein Observatorium eingerichtet.

In the orangery building, built by Pigage in 1762, Carl Theodore set up an observatory at one time.

Dans le bâtiment de l'orangerie construit par Pigage en 1762 Carl Theodor avait temporairement établi un observatoire.

Auf den Rasenflächen des
Kreisparterres befinden sich
vier Putten mit Springbrunnen.

Cherub fountains on the lawns
of the garden circle.

Quatre chérubins et leur jet
d'eau sur les pelouses du parterre circulaire.

Am Großen Weiher.

By the Great Pond.

À la grande pièce d'eau.

Eine der Putten des Kreisparterres.

One of the cherubs.

Un chérubin.

Pan, der Gott der Herden, seine Syrinx spielend.

Pan, the god of herds, playing his syrinx.

Pan, le dieu des troupeaux, en jouant de la Syrinx.

Der südliche Laubengang.

The southern arbour.

Le berceau sud.

In den Bosketten zu beiden Seiten der Hauptallee wird die barocke Geometrie der Wegführung durch die waldähnliche Vegetation abgemildert.

In the shrubbery beds at both sides of the main avenue the baroque geometry of the paths is softened by forest-like vegetation.

Dans les bosquets situés des deux côtés de l'allée principale, la géometrie baroque des sentiers est atténuée par la végétation boisée.

Die Hirschgruppe gibt den Blick frei auf die Kugelallee, die zum Großen Weiher führt.

Behind the stag group the main avenue opens up the circle towards the Great Pond.

Le groupe de cerf donne une vue sur l'allée principale menant à la grande pièce d'eau.

Der zum Apollo-Tempel führende Garten vor der Orangerie.

The garden by the orangery leading to the Temple of Apollo.

Le jardin de l'orangerie mène au Temple d'Apollon.

Die Ost-West-Ausrichtung des Gartens folgt dem Lauf der Sonne. Dadurch scheint das Schloß im Abendlicht der Mittelpunkt des Gartens zu sein. Im Hintergrund der Königstuhl bei Heidelberg.

The east-west orientation of the garden follows the course of the sun. So the palace in the evening light seems to be the centre of the garden. In the background the Königstuhl ("King's Throne") near Heidelberg.

L'orientation est-ouest du parc suit le cours du soleil. Ainsi, au crépuscule, le château parait être le centre du parc. A l'arrière plan, le Königstuhl, proche de Heidelberg.

Ein Sonnenrelief des Apollo-Tempels.

A sun relief at the Temple of Apollo.

Un relief du soleil au Temple d'Apollon.

Das vom kurfürstlichen Signet »CT« bekrönte Tor, das vom Orangeriegarten zum Arboretum führt, ist ein bedeutendes Zeugnis barocker Schmiedekunst.

The gate leading from the orangery garden to the arboretum is crowned by Carl Theodore's monogramme "CT". It is a significant example of baroque wrought-iron work.

La porte qui mène de l'orangerie à l'arboretum est couronnée des initiales «CT» de Carl Theodor. Elle est un exemple important de la ferronnerie d'art en style baroque.

Ceres, Göttin des Ackerbaus
und Mutter der Erde, in der
Allee vor dem Orangeriegarten.

Ceres, goddess of agriculture
and mother of the earth, in the
avenue by the orangery garden.

Cérès, déesse de l'agriculture et
mère de la terre, dans l'allée près
de l'orangerie.

Callirrhoë, eine zur griechischen Königin aufgestiegene Meeresnymphe in der Allee vor dem Türkischen Garten.

Calirrhoë, a sea nymph who came to be Queen of Greece.

Calirrhoé, nymphe marine devenue reine grecque, dans l'allée proche du jardin turc.

Die Rückansicht des Apollo-Tempels mit den in das Gitterwerk eingearbeiteten Sonnenreliefs.

The rear view of the Temple of Apollo with the sun reliefs of the wrought-iron fence.

La vue arrière du Temple d'Apollon avec les reliefs du soleil insérés dans le fer forgé.

Der 1776 von Nicolas de Pigage vollendete Tempel des Apollo.

The Temple of Apollo, completed by Nicolas de Pigage in 1776.

Le Temple d'Apollon, achevé par Nicolas de Pigage en 1776.

Eine der vier die Jahreszeiten darstellenden Statuen im Ovalsaal des Badhauses.

One of the four statues that represent the seasons in the oval room of the Bathhouse.

Une des statues représentant les quatre saisons dans la salle ovale de la Maison de Bains.

Das Badhaus, 1773 von Pigage erbaut, war Carl Theodors privatester und intimster Aufenthaltsort. Hier ein Blick in das Ruhekabinett.

The Bathhouse, built by Pigage in 1773, was a place of privacy and intimacy for Carl Theodore. Here a view of the closet.

La Maison de Bains, érigée par Pigage en 1773, était le lieu de séjour le plus privé et le plus intime de Carl Theodor. Voici une vue sur son cabinet de repos.

Die von wildem Wein bewachsenen Laubengänge sind die architektonische Spiegelung der beiden Zirkelhäuser, mit denen sie den Rahmen des Kreisparterres bilden.

The arbours, overgrown with Virginia creeper, are the natural counterparts of the palace's circular wings. Together they frame the unique circle of Schwetzingen.

Les berceaux de verdure couverts de vigne vierge font pendant aux deux ailes circulaires du château avec lequelles elles encadrent le parterre circulaire.

Eine der zahlreichen Brücken über die den englischen Garten durchziehenden Kanäle – hier in der Nähe des Merkur-Tempels.

One of many footbridges across the channels in the English garden – this one near the Temple of Mercury.

Une des nombreuses passerelles traversant les canaux du jardin anglais – celle-ci près du Temple de Mercure.

Die Chinesische Brücke – oder »Lügenbrücke« – nördlich des Großen Weihers.

The Chinese Bridge – or "Bridge of Lies" – north of the Great Pond.

Le Pont Chinois – ou «Pont des Mensonges» – au nord de la Grande Pièce d'eau.

Die zur Moschee führende Allee
vor dem Türkischen Garten.

The avenue by the Turkish
Garden.

L'allée menant de la Mosquée au
jardin turc.

Die schöne Galatea mit einem Triton im *Hain* der Liebe.

Beautiful Galatea with Triton in the *Grove* of Love.

La belle Galathée avec un triton au Bocage d'amour.

Der Tempel der Botanik im
Englischen Garten.

The Temple of Botany in the
English garden.

Le Temple de la Botanique dans
le jardin anglais.

Die aus dem Schloßpark in Lunéville übernommene Anlage der Wasserspeienden Vögel.

The group of the Bird-Shaped Fountains taken over from the castle garden in Lunéville.

Le groupe des oiseaux-gargouilles rapporté du jardin de Lunéville.

Das Perspektiv oder
»Ende der Welt«.

The Perspective or
"End of the world".

La Perspective ou
«Fin du Monde».

Das letzte Licht des Tages verleiht Schloß und Garten eine beinahe märchenhafte Ausstrahlung.

The last light of the day gives the palace and the garden an almost magical aure.

Les derniers rayons de soleil confèrent au château et au parc un caractère presque féerique.

Der nördliche Laubengang mit
Blick auf das Kreisparterre.

The northern arbour with a
view of the garden circle.

Le berceau nord et vue sur le
parterre circulaire.

Der Gott der Donau im Großen Weiher.

The god of the Danube in the Great Pond.

Le dieu du Danube dans la Grande Pièce d'eau.

Der 1787 errichtete Merkur-Tempel.

The Temple of Mercury, erected in 1787.

Le Temple de Mercure, édifié en 1787.

Die japanischen Kirschbäume
im Türkischen Garten.

Japanese cherry trees in the
Turkish Garden.

Des cerisiers japonais dans le
Jardin Turc.

Die Türkische Moschee, erst
1795 fertiggestellt.

The Turkish Mosque, completed
in 1795.

La Mosquée Turque, achevée en
1795.

Ein Eckpavillon der Arkaden.

A pavilion of the arcade.

Un pavillon en coin des arcades.

Die Kuppel der Moschee.

The cupola of the Mosque.

La coupole de la Mosquée.

Der Eingang zur Moschee.

The entrance of the Mosque.

L'entrée de la Mosquée.

Die Arkaden hinter der Moschee.

The arcades behind the Mosque.

Les arcades derrière la Mosquée.

Ein Seitenflügel der Moschee im ausgehenden Tageslicht.

Lateral Wing of the Mosque in the last day light.

Une aile latérale de la mosquée au coucher du soleil.

Der Große Weiher im Winter.

The Great Pond in winter.

La grande pièce d'eau en hiver.

Die Moschee.

The Mosque.

La Mosquée.

Der nördliche Laubengang.

The northern arbour.

Le berceau nord.

Die Figur des Arion symbolisiert innerhalb der Gartenmotivik den täglich wiedergeborenen Sonnengott.

In the context of the garden symbolism Arion represents the Sun God that is reborn each day.

Parmi les autres motifs du jardin, le personnage d'Arion symbolise le dieu du soleil ressuscitant chaque jour.

Eine winterliche Abendstimmung mit Blick auf das Schloß.

Evening atmosphere in winter with view of the castle.

Soirée hivernale et vue sur le château.

Die Pfeiler des Eingangstores tragen die Wappen des Kurfürsten Johann Wilhelm (1690 – 1716) und seiner zweiten Frau Anna Maria von Toskana.

The coats of arms on the pillars of the main entrance are those of Johann Wilhelm, Elector Palatine from 1690 to 1716, and his second wife, Anna Maria of Toscana.

Les montants de l'entrée principale portent les armoiries de Johann Wilhelm, prince électeur de 1690 à 1716, et de son épouse en secondes noces Anna Maria de Toscane.

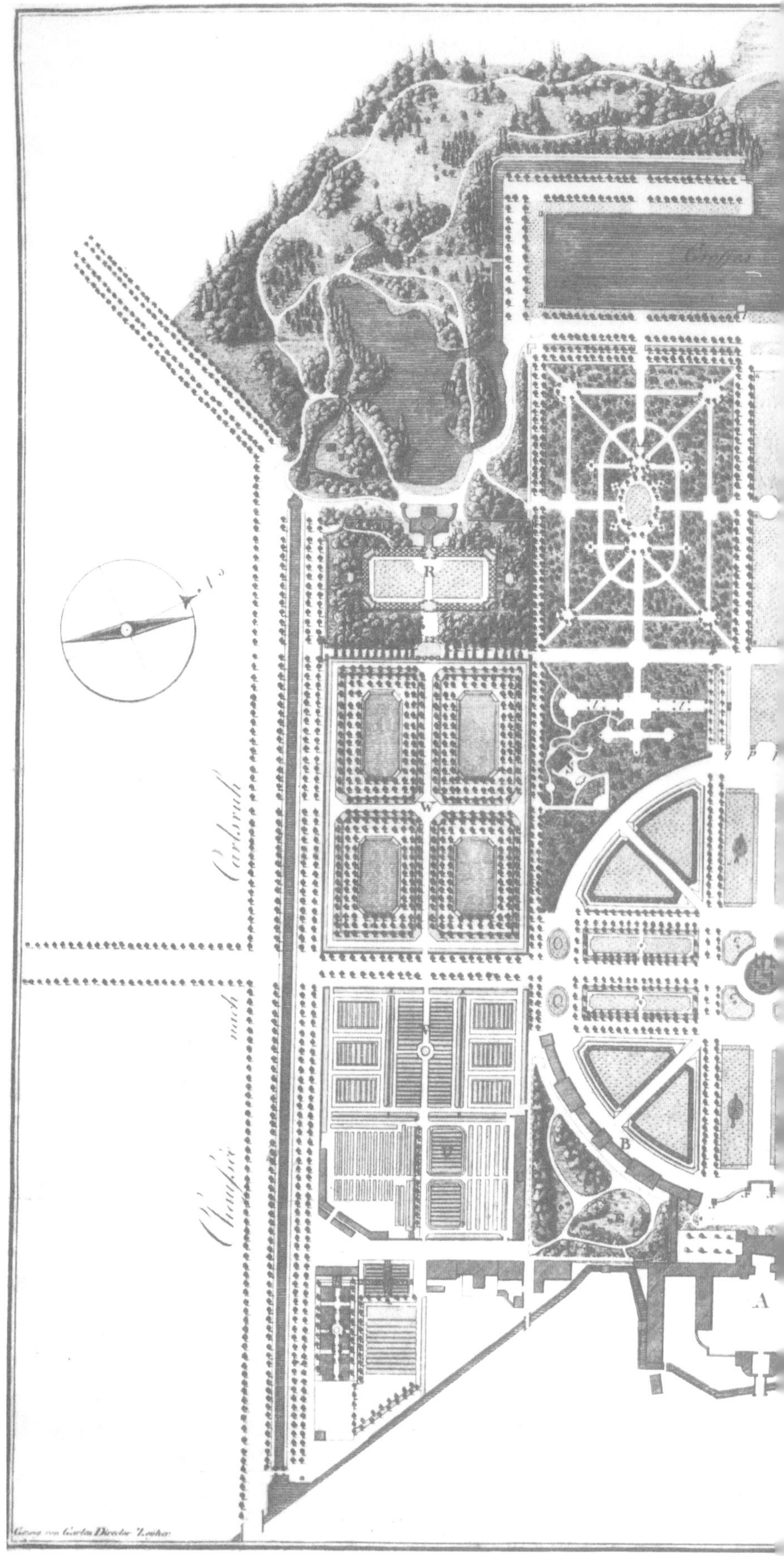

R
W
B
A
nach Carlsruh
Garten Director Zeyher